AF261944

LES FRIRION

1768-1886

« Un des moyens les plus efficaces de développer la valeur morale de l'Armée, c'est d'entretenir dans tous les corps le culte des traditions. Le simple récit de ce qu'ont fait leurs devanciers leur inspirera le désir d'imiter ceux qui, avant eux, ont bien mérité de la Patrie. »

Circulaire du Ministre de la Guerre,
3 juin 1872.

PARIS
IMPRIMERIE ET LIBRAIRIE CENTRALES DES CHEMINS DE FER
IMPRIMERIE CHAIX
SOCIÉTÉ ANONYME AU CAPITAL DE SIX MILLIONS
Rue Bergère, 20
1886

UNE FAMILLE DE SOLDATS

LES FRIRION

1768-1886

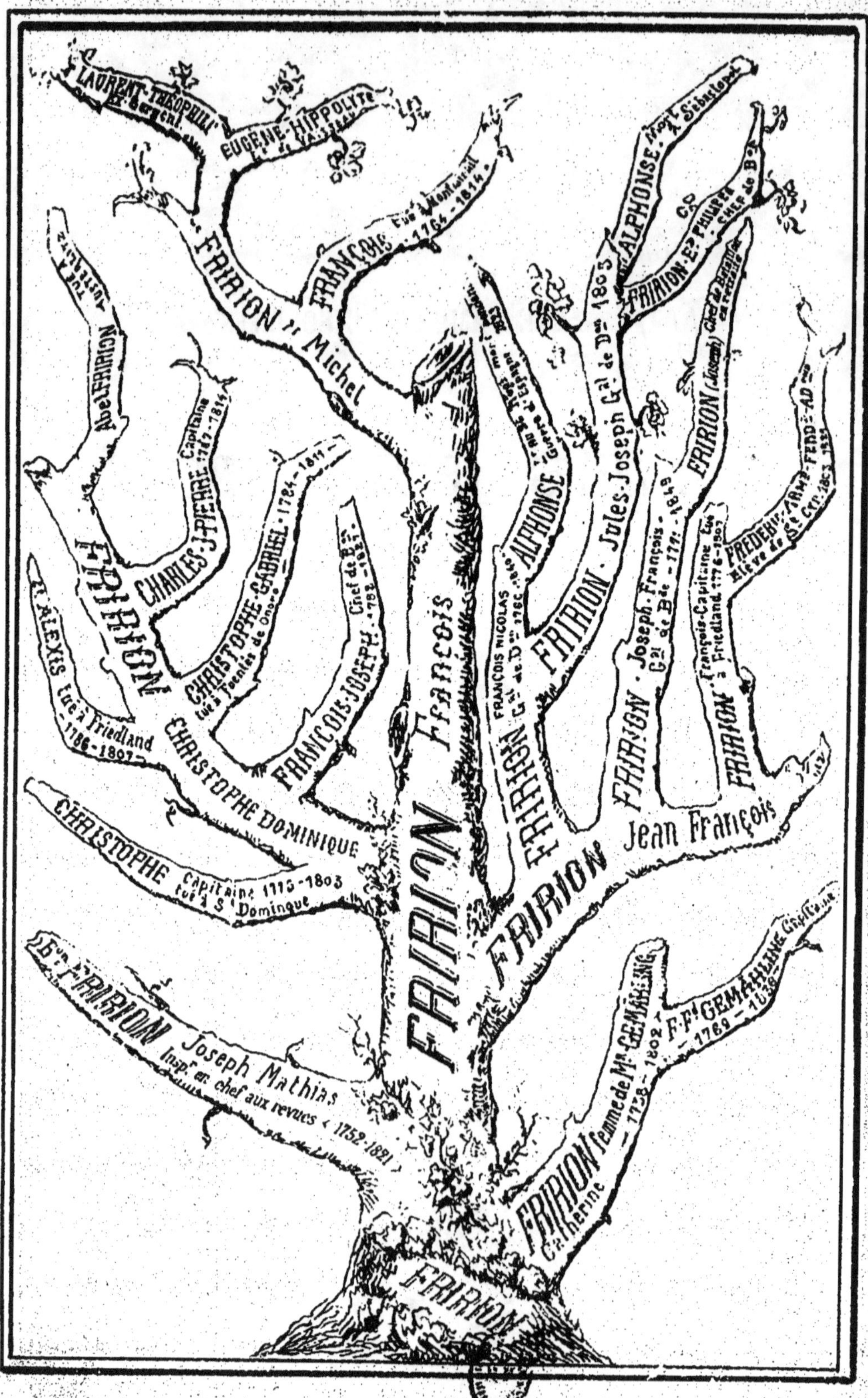

LAURENT-THÉOPHILE
EUGÈNE-HIPPOLYTE
FRANÇOIS tué à Montmirail 1764-1814
FRIRION Michel
Abel FRIRION tué à ...
FRIRION
CHARLES-J-PIERRE Capitaine 1747-1814
CHRISTOPHE-GABRIEL 1784-1811 tué à Tournès de Oms
FRANÇOIS-JOSEPH Chef de B? 1782-1827
ALEXIS tué à Friedland 1786-1807
CHRISTOPHE DOMINIQUE
CHRISTOPHE Capitaine 1715-1803 tué à St Domingue
ALPHONSE Mort à Sébastopol
FRIRION E? PHILIPPE Chef de B?
ALPHONSE G?l de D?n 1805
FRIRION (Joseph) Chef de Légion
FRÉDÉRIC ARM? FERD? AD? Élève de St Cyr 1853-1855
FRANÇOIS NICOLAS G?l de D?n 1765-1840
FRIRION ALPHONSE
FRIRION Jules-Joseph G?l de D?n
FRIRION Joseph François G? de B? 177?-1849
FRIRION François-Capitaine tué à Friedland 1776-1807
FRIRION
FRIRION
FRIRION François
FRIRION Jean François
B? FRIRION Joseph Mathias Insp? en chef aux revues 1752-1831
FRIRION Catherine femme de M? Gémäling
M? GÉMÄLING femme 1738-1802
F.F? GÉMÄLING 1769-1639 Capitaine
FRIRION

UNE FAMILLE DE SOLDATS

LES FRIRION.

1768-1886

> « Un des moyens les plus efficaces de développer la valeur morale de l'Armée, c'est d'entretenir dans tous les corps le culte des traditions. Le simple récit de ce qu'ont fait leurs devanciers leur inspirera le désir d'imiter ceux qui, avant eux, ont bien mérité de la Patrie. »
>
> *Circulaire du Ministre de la Guerre,*
> 3 juin 1872.

PARIS

IMPRIMERIE ET LIBRAIRIE CENTRALES DES CHEMINS DE FER

IMPRIMERIE CHAIX

SOCIÉTÉ ANONYME AU CAPITAL DE SIX MILLIONS

Rue Bergère, 20

1886

A LA MÉMOIRE

DU

Baron FRIRION (François-Nicolas)

Général de Division

COMMANDANT DE L'HOTEL DES INVALIDES

De 1832 à 1840

Ces Souvenirs de Famille sont dédiés.

Paris, le 30 septembre 1886.

Mon Cher Ami,

La pensée que vous avez eue de réunir en une seule brochure, l'état des services que dix-neuf membres de ma famille ont rendus à la France, est une pensée neuve qui vous honore, surtout, parce qu'elle est la preuve que vous êtes de ces natures généreuses qui croient encore aux vertus guerrières et aux grands sacrifices. Elle honore aussi l'un des derniers survivants de cette famille, son chef actuel, qui, au nom de tous, vous remercie, mon excellent ami, d'avoir gardé, comme l'avait fait votre valeureux père, un véritable culte pour le général Baron Fririon, Nicolas, l'homme du devoir, de la justice, du dévouement et de la fidélité.

La reconnaissance de tous les miens vous est donc acquise, à jamais, comme le sont les sentiments du plus vif attachement que je vous porte depuis si longtemps !

Baron FRIRION,
Général de Division, en retraite.

A Monsieur Gemähling.

LES FRIRION

1° MORTS SUR LE CHAMP DE BATAILLE.

FRIRION (Christophe), capitaine, tué à Saint-Domingue (1775-1803).

FRIRION (Abel), lieutenant, tué à Austerlitz (1805).

FRIRION (François), capitaine, tué à Friedland (1776-1807).

FRIRION (Alexis), lieutenant, tué à Friedland (1786-1807).

FRIRION (Christophe-Gabriel), lieutenant, tué à Fuentès de Oñoro (1784-1811).

FRIRION (François), lieutenant-colonel, tué à Montmirail (1764-1814).

2° MORTS PAR SUITE DE BLESSURES OU DE MALADIES.

FRIRION (Charles-Jean-Pierre), capitaine, mort de blessures (1787-1814).

FRIRION (Frédéric-Armand-Ferdinand), élève de Saint-Cyr (1803-1821)

FRIRION (Alphonse), lieutenant, mort pendant la seconde guerre d'Espagne (1823).

FRIRION (Alphonse), sous-lieutenant, mort du choléra à Sébastopol (1854).

3° MORTS EN RETRAITE

FRIRION (Joseph-Mathias), baron, inspecteur en chef aux revues
(1752-1821).

FRIRION (François-Joseph), chef de bataillon (1782-1827).

FRIRION (François-Nicolas), baron, général de division (1766-1840).

FRIRION (Joseph-François), baron, général de brigade (1771-1849).

GEMÄHLING (François-Ferdinand), capitaine (1769-1836), — par sa
mère Catherine FRIRION, était cousin germain de FRIRION (Joseph-
Mathias).

4° VIVANTS

FRIRION (Jules-Joseph), baron, général de division (en retraite).

FRIRION (Édouard-Philippe), baron, chef de bataillon (en activité
de service).

FRIRION (Joseph), chef de bataillon (en retraite).

FRIRION (Eugène-Hippolyte), lieutenant de vaisseau (en activité de
service).

FRIRION (Laurent-Théophile), sergent (libéré du service militaire).

A toutes les époques de notre histoire, et principalement lorsque le sol de la France a été menacé
par l'étranger, l'armée a vu grossir ses rangs de
nombreux volontaires abandonnant leurs foyers pour
courir à la défense du pays; l'Europe n'a pas encore
oublié le grand élan patriotique de 1792 et les
quatorze armées décrétées par la Convention nationale.

Certaines provinces, l'Alsace et la Lorraine entre
autres, ont tenu la tête dans cette pléiade de soldats
et de généraux improvisés; elles ont donné au pays
des hommes de guerre dont la mémoire devrait
rester gravée dans tous les cœurs vraiment français.

De tous les noms inscrits sur l'Arc de Triomphe
élevé à la gloire de l'armée française, combien
frappent les yeux sans éveiller aucun souvenir dans

l'esprit des hommes de notre temps?... Les témoins du patriotisme, de la bravoure, du dévouement de ceux qui les ont portés ont à jamais disparu... Bientôt, la pierre du Monument conservera, seule, la trace de ces noms glorieux (1).

Il en est un : celui des FRIRION, que nous essayons, aujourd'hui, d'arracher à l'oubli; la tâche est assez difficile peut-être, car les Bulletins officiels de l'armée, trop souvent, à notre gré, l'ont passé sous silence... Et cependant, qu'on nous permette de le dire, il n'en est guère de plus digne d'être rattaché à cette époque de la grandeur militaire de la France.

A l'aide des souvenirs des membres de la famille Fririon qui vivent encore, en utilisant diverses brochures ainsi que les notes manuscrites laissées par ceux qui ne sont plus, nous avons mis en lumière « le Passé » de cette FAMILLE DE SOLDATS, et nous croyons avoir fait œuvre sympathique à l'armée.

« Un des moyens les plus efficaces de développer
» la valeur morale de l'armée, écrivait un officier-
» général des plus distingués, ministre de la Guerre
» en 1872 (2), c'est d'entretenir dans tous les corps

---

(1) Le nom du général de division, baron FRIRION, est inscrit sur le côté Est de l'Arc de Triomphe.

(2) Circulaire du 3 Juin 1872 du général de Cissey.

» le culte des traditions. Le simple récit de ce qu'ont
» fait leurs devanciers leur inspirera le désir d'imiter
» ceux qui, avant eux, ont bien mérité de la Patrie. »

Ce qu'un ministre de la Guerre a voulu faire pour
tous nos braves régiments, nous essayons de le réaliser
pour une seule famille militaire; et, à l'appel que
nous ferons successivement, par la pensée, du nom
de chacun des dix-neuf membres qui la composent,
neuf fois nous devrons répondre : Mort au champ
d'Honneur.

GEMÄHLING.

FRIRION (Joseph-Mathias)

L'intendant général FRIRION (Joseph-Mathias), baron de l'Empire, officier de la Légion d'honneur, chevalier de Saint-Louis, etc., etc., naquit à Vandières (Meurthe), en 1752. Il s'enrôla, comme volontaire, dans le régiment d'Artois, le 25 mai 1768, à l'âge de seize ans.

Fririon déploya, de bonne heure, des talents administratifs qui le placèrent, au premier rang, dans le corps de l'Intendance militaire.

Doué d'un grand esprit d'ordre et d'une intelligence rapide des détails, il avait, en outre, une puissance de travail très remarquable; à vingt-quatre ans, nous le trouvons déjà quartier-maître trésorier, après avoir passé par tous les grades inférieurs (1).

---

(1) Enrôlé volontaire au Régiment d'Artois, le 25 mai 1768; sergent : 20 septembre 1770; fourrier : 22 décembre 1775; quartier-maître trésorier : 16 juin 1776; capitaine : 30 mai 1788; capitaine commandant : 1er janvier 1791.

En 1793, appelé au commandement temporaire de Wissembourg, il est ensuite adjoint à l'état-major de l'armée du Rhin et passe, l'année suivante (17 avril 1794), dans les armées de la Moselle et du Rhin, en qualité d'adjudant général.

De 1795 à la fin de 1799, attaché successivement à l'armée d'Allemagne, au Ministère de la Guerre, puis en 1805, attaché au grand quartier général de la Grande Armée, FRIRION, dans ces différents postes, s'était fait remarquer par de hautes capacités d'administrateur militaire; il fut nommé, en 1806, intendant général du Gouvernement de Munster.

En cette qualité, il eut à administrer les provinces de Wurtemberg, de Saxe et de Westphalie.

FRIRION s'acquitta de cette mission très importante et très difficile à la fois, avec un succès si complet, qu'elle lui attira la haute estime et la confiance de l'Empereur; elle était à peine terminée, lorsque Berthier, prince de Neuchâtel, alors Ministre de la Guerre, fut nommé major général de l'Armée et remplacé par Clarke. Le nouveau Ministre, qui avait apprécié toutes les qualités de l'intendant général FRIRION, l'appela auprès de lui, comme secrétaire général du Ministère, le 9 mars 1808.

En 1810, il fut nommé inspecteur en chef aux Revues.

Il conserva ces fonctions jusqu'à la chute de l'Empire et fut retraité, pour ancienneté de service, le 9 décembre 1815. Il se retira à Pont-à-Mousson où il mourut en 1821.

Il avait servi son pays pendant quarante-sept ans et

fait douze campagnes. Intégrité absolue, fermeté de prin-
cipes qui n'excluait pas la bienveillance et l'affabilité des
manières, telles étaient les qualités principales de l'intendant général, baron FRIRION, que ses compatriotes avaient
surnommé : « Le Vertueux » (1).

(1) Tandis que la France, expiant ses anciens triomphes, avait à supporter
la présence des troupes étrangères, Pont-à-Mousson était occupée par un régiment de cavalerie bavaroise. Ce régiment avait pour colonel le comte de
Heynenberg, chambellan du roi de Bavière. A son arrivée dans cette ville, il
fit demander à la Municipalité s'il pouvait loger chez le général FRIRION, ancien
inspecteur en chef aux Revues ; on lui répondit affirmativement. En entrant
dans l'appartement que lui destinait la sœur du général Nicolas, il jeta un
coup d'œil sur quelques portraits de famille qui s'y trouvaient : « Voilà, dit-il, le
portrait du général FRIRION, l'oncle du général Nicolas et de son frère le général
Joseph. » En remarquant la surprise de M⁽⁾ Fririon, il ajouta : « J'ai demandé
à loger chez le général FRIRION pour tâcher de rendre à sa famille les services
que vos parents ont rendus à la mienne, quand la Bavière était occupée par
l'armée française ; nous avons eu à nous louer de leur désintéressement et
pour mon compte je m'estimerai heureux si je peux être utile à votre famille
et à ses amis (1814, 1ʳᵉ Restauration). »

FRIRION (François-Nicolas)

Le général de division FRIRION (François-Nicolas), baron de l'Empire, grand-officier de la Légion d'honneur, commandeur de Saint-Louis, grand-croix de Danebrog, grand-cordon de l'Épée de Suède, naquit à Vandières (Meurthe), le 7 février 1766; à seize ans (le 23 avril 1782), il s'enrôla, comme volontaire, dans le Régiment d'Artois (48e d'infanterie) dont son oncle Fririon (Joseph-Mathias) était quartier-maître trésorier depuis l'année 1776.

Après avoir été successivement caporal et fourrier, Fririon fut nommé quartier-maître trésorier, le 1er janvier 1790, à l'âge de vingt-quatre ans. Ce fut pendant ces huit premières années de service qu'il fit l'apprentissage le plus complet de l'administration d'un régiment.

Fririon, dont l'instruction très solide et très variée s'alliait à une rare intelligence, fit ses débuts dans la carrière de l'administration militaire, guidé par les conseils de son oncle; il fit présager, de bonne heure, ce qu'il devait devenir plus tard : administrateur militaire de premier ordre et un des plus remarquables chefs d'état-major de son temps.

L'opinion de l'Empereur sur les hautes capacités administratives et militaires du général Fririon, nous autorise à parler ainsi, et nous tenons à la faire connaître, au début de cette notice biographique.

A la bataille de Wagram, Fririon, qui était, à cette époque, général de brigade, se distingua d'une manière si particulière, et par ses talents militaires et par sa bravoure, que l'Empereur le nomma général de division et le fit baron de l'Empire..... Plus tard, lors de la réunion de l'armée de Portugal composée de troupes d'élite, le maréchal Masséna, qui la commandait en chef, demanda à l'Empereur de lui donner Fririon pour son chef d'état-major; Napoléon y consentit, à l'instant même, et ajouta : « C'est bien, voilà un chef d'état-major comme je les aime. »

Quartier-maître trésorier en 1790, Fririon passa successivement : lieutenant en 1792 et capitaine le 24 septembre 1793. Le Régiment d'Artois faisait alors partie de l'armée du Rhin.

Par la bravoure et l'intelligence qu'il déploya dans toutes les affaires de cette pénible campagne du Rhin, Fririon mérita le commandement d'un bataillon dont le chef avait été fait prisonnier dans un combat qui eut lieu près de Kaiserslautern.

Dans la campagne de l'an III, Fririon se distingua d'une manière remarquable, au siège de la tête de pont de Manheim. Il sut maintenir la discipline la plus complète dans son bataillon, au milieu des souffrances causées par un hiver des plus rigoureux, et soutint le moral de ses soldats, en leur donnant l'exemple du courage et de la résignation.

Les revers de l'armée du Rhin la condamnèrent, pendant quelques mois, à une inaction que Fririon ne voulut pas partager; il demanda et obtint d'être attaché à l'Inspection générale d'infanterie du général Schauenbourg.

La campagne de l'an IV l'appela, de nouveau, sur les champs de bataille; elle devait lui offrir des occasions de signaler son intrépidité et son mépris du danger; nous pouvons en citer une, entre autres, qui le fit particulièrement remarquer.

L'armée de Rhin-et-Moselle venait de quitter son camp devant Fribourg-en-Brisgau, pour se porter sur la rive gauche du Rhin, près de Vieux-Brisach; elle avait pris position près du pont d'Amwaser, lorsque le général Beaupuy, qui voulait couvrir sa marche en avant, ordonna au chef de bataillon Fririon de prendre un détachement de cavalerie et d'aller harceler quelques compagnies ennemies qui s'avançaient dans la plaine.

A la tête de vingt-cinq dragons, Fririon se précipite sur l'ennemi, avec une telle impétuosité, qu'il jette la confusion dans ses rangs, le met en complète déroute et le force à se rendre. Ce beau fait d'armes lui valut le grade d'adjudant général chef de brigade (19 ventôse an V). Il fut, quelque temps après, attaché à une inspection générale d'infanterie.

Comme on peut le remarquer, dès le début, pour ainsi dire, de la carrière du général Fririon, aussitôt que l'homme de guerre n'a plus à combattre, on utilise les talents de l'administrateur militaire. Cette double faculté que possédait, à un degré éminent, cet homme remarquable, a toujours été assez rare à rencontrer pour qu'il nous soit permis d'insister sur ce que nous pourrions appeler « la caractéristique » du général Fririon.

En 1798, employé à l'armée d'Helvétie, il reçut du général Lorges, l'ordre de reconnaître une position occupée par l'ennemi, auprès de la ville de Sion, en Valais.

La seule avenue praticable était la grande route qui était défendue par des troupes couronnant les hauteurs des deux côtés; un obstacle de ce genre n'était pas de nature à faire hésiter Fririon, un seul instant; suivi d'un détachement du 8ᵉ hussards, il s'avance, au galop, sur cette route; il n'avait pas fait deux cents mètres, sous le feu croisé de l'ennemi, qu'il se trouve en face d'une batterie disposée de façon à foudroyer son détachement. Sans perdre un instant, Fririon ordonne la charge, la mitraille abat le tiers de son monde; rien ne l'arrête, il se précipite sur les artilleurs, les sabre et enlève leurs canons. Pendant cette action énergique, le général Lorges repoussait les troupes qui garnissaient les hauteurs, et la ville de Sion lui ouvrait ses portes.

Cette action d'éclat valut à l'adjudant général Fririon,

de la part du Directoire exécutif, la lettre suivante en
date du 28 mai 1798 :

« *Le Directoire exécutif doit à la valeur un juste tribut
d'éloges; il s'empresse d'acquitter sa dette envers vous.*

REWBELL. »

Après la campagne d'Helvétie, FRIRION fut successivement employé aux armées de Mayence et d'Italie; il prit
part aux diverses affaires malheureuses qui furent la
conséquence des fautes du général Schérer. Chargé très
souvent du commandement de l'arrière-garde, il se distingua
par une initiative des plus heureuses dans les dispositions
aussi rapides qu'énergiques qu'il sut prendre.

Au moment où l'armée traversait les Apennins, FRIRION
avait renoué, avec Moreau, des relations qui dataient de
près de dix années. En effet, lors du grand mouvement
de 1789, FRIRION se laissa entraîner, comme toute la jeunesse de cette époque, vers les idées nouvelles. En garnison
à Rennes, en 1790, il fréquenta les clubs et se lia, assez
intimement, avec plusieurs hommes qui marquèrent, plus
tard, dans l'histoire de la Révolution : avec Gohier, entre
autres, qui devint ministre de la justice; avec les frères
Rapatel, dans la famille desquels la gloire est héréditaire,
et principalement avec Moreau à qui il donna les premières
notions de l'art militaire..... Cette liaison avec un des
généraux les plus remarquables de ce temps, dont rien
alors ne pouvait faire présager la défection, fut une mauvaise

note pour lui, au quartier général de l'Empereur. Nous n'en voulons donner ici qu'une seule preuve.

Frimion s'était couvert de gloire en s'emparant du fort de Dantholm. Le maréchal Brune qui commandait en chef lui fit les plus grands éloges..... mais le *Bulletin de l'armée* attribua à un autre ce magnifique fait d'armes, alors qu'il appartenait à Frimion seul.....

. . . .

Après la traversée des Apennins par des chemins jugés impraticables, Moreau se rendit à Gênes. Ce général avait pu apprécier, à leur juste valeur, toutes les qualités de son sous-chef d'état-major.

Le 4 décembre 1799, Frimion conserva, à l'armée du Rhin, les fonctions de sous-chef d'état-major. A Hohen-linden, où l'armée du Rhin s'acquit une gloire immortelle, Frimion, par une manœuvre due à sa propre initiative, et avec une valeur et une intrépidité au-dessus de tout éloge, décida du sort de la bataille. Moreau, qui savait l'apprécier, le nomma aussitôt général de brigade (20 messidor an VIII).

Dans un ouvrage allemand intitulé : *Moreau et sa dernière Campagne*, paru à Munich en 1801 sous le titre : *Moreau und sein letzte Feldzug*, nous trouvons la confirmation de l'opinion du général Moreau sur le caractère et la valeur du général Frimion :

« Celui, dit notre auteur, qui a vu le général Frimion, sous-chef d'état-major, et qui lui a parlé une seule fois, reconnaît à l'instant l'homme d'affaires par excellence, en

même temps prévenant et affable, il écoute chacun attentivement et ne le renvoie jamais mécontent de sa réception. Son cœur est peint sur sa physionomie d'une manière
si facile à reconnaître qu'on ne peut s'y tromper. La place
qu'il occupait à l'armée, et qui ne pouvait être en de meilleures mains, rend témoignage de son esprit et de ses talents.
Aussi Moreau sait-il bien l'apprécier et se félicite-t-il,
tous les jours, de l'avoir pris avec lui à l'armée du
Rhin. »

Pendant l'armistice qui précéda la paix de Lunéville, le
général en chef confia au nouveau général de brigade
le commandement de Salzbourg et des pays circonvoisins,
et le soin d'examiner les demandes faites par les princes
des pays conquis, à l'effet d'obtenir des dégrèvements sur
le montant de leurs impositions de guerre. Fririon s'acquitta de sa mission avec cet esprit de haute justice,
cette loyauté, ce désintéressement qui ont été la règle de
toute sa vie. Chacun des princes allemands lui fit des
offres qu'il repoussa énergiquement. Sans cesse exposé
par les chances de la guerre à être enlevé à sa femme et
à ses enfants, Fririon, sans s'occuper de l'avenir, préféra
leur laisser un nom sans tache.

Dans une notice nécrologique, publiée en 1841 par le
Spectateur militaire, on trouve la pensée intime du général
Fririon sur sa manière d'entendre la probité; il disait à
un de ses amis : « J'aurais pu rapporter deux millions,
mais la probité ne se fractionne pas, il n'y a pas de demi-
probité. Elle est entière ou elle n'est pas; on reste honnête
homme ou on cesse de l'être. »

Vivant sous le même toit que le général pendant les dernières années de sa vie, il nous a été donné d'entendre, de sa bouche, son opinion sur la portée qu'un honnête homme doit donner au mot : Probité.

En quittant Salzbourg, la Régence de cette ville lui vota des remerciements pour l'énergie avec laquelle il avait fait respecter les propriétés et maintenu l'ordre; elle lui offrit un cheval, en même temps qu'elle faisait déposer chez lui dix mille ducats.

« Je quitte Salzbourg, écrit Fririon à Moreau ; la Régence m'a offert un cheval et dix mille ducats; j'ai oublié les ducats sur ma table..... mais j'emmène le cheval. »

Cette lettre peint fidèlement celui qui l'a écrite : l'homme qui, plus tard, devenu chef d'état-major général de Masséna, à l'armée de Portugal, revint en France, brisé par les fatigues de cette guerre terrible, et — pauvre.

En 1802, Fririon était chef d'état-major du général, commandant la 5e division militaire, à Strasbourg ; ce fut pendant sa résidence dans cette ville qu'il fut chargé d'aller arrêter, sur un territoire neutre, l'infortuné duc d'Enghien ; mission délicate et pénible, s'il en fut jamais, et dont les péripéties ont été tracées de la main même du général. Nous ne pouvons mieux faire que de le laisser parler :

« Je me trouvais, écrit-il, chez M. de Stumpf, ancien émigré et parent de mon beau-père, le docteur Lorentz, lorsque je reçus l'ordre de passer le Rhin, pendant la nuit, avec un détachement de cavalerie, et d'aller arrêter

M. le duc d'Enghien à Ettenheim. La lecture de cette
dépêche apportée par une ordonnance, m'agita violemment.
En effet, l'exécution de cet ordre entraînait une violation
de territoire et, par conséquent, je le trouvais souverainement
injuste ! Que voulait-on faire au duc d'Enghien ? Le retenir
comme otage, ou lui arracher la vie ?... C'était, dans les
deux cas, un abus de pouvoir intolérable et de nature à
imprimer une tache ineffaçable au Gouvernement français,
dont la force et la puissance devaient être au-dessus d'un
semblable guet-apens. Le temps pressait, je ne connaissais
pas le duc d'Enghien, je ne l'avais même jamais vu; je
n'hésitai pas cependant à le faire prévenir et à l'engager
à prendre la fuite; bien persuadé qu'en empêchant le
Gouvernement de faire une arrestation arbitraire, j'éviterais
de l'embarrasser d'un personnage qui n'était pas dangereux
pour sa sécurité; j'engageai donc M. de Stumpf à me suivre
dans une pièce voisine et, sous le sceau du secret, je lui
communiquai l'ordre que je venais de recevoir, en le
priant de faire avertir le Prince..... Mais, je laisse parler
M. de Stumpf et retrace le texte d'une déclaration olo-
graphe qu'il a faite avant sa mort, en 1827, et qui m'a
été remise par sa fille..... « J'avais invité, dit M. de Stumpf,
» le général FRIRION à dîner. Vers le milieu du repas
» arrive une ordonnance du général commandant la divi-
» sion qui remit au général FRIRION un paquet cacheté.
» En l'ouvrant, le général devint tout pâle, se leva de
» table et me fit signe de le suivre dans l'antichambre.
» — Il me communiqua, sous le secret, l'ordre qu'il
» venait de recevoir. — Cet ordre portait qu'il devait passer

» le Rhin, vers minuit, à Rhineau, avec un détachement
» de cavalerie pour arrêter le duc d'Enghien à Ettenheim,
» pays de Bade, et le conduire à la citadelle de Stras-
» bourg. Le général FRIRION me dit que, comme ancien
» émigré, je pourrais faire part au Prince de ce projet;
» j'écrivis sur-le-champ à M. Roesch, maire de Rhineau,
» qui fit partir immédiatement son frère. Le baron
» Saint-Jacques ainsi que d'autres personnes attachées
» au prince et résidant, comme lui, à Ettenheim, ont
» fait leur possible pour le déterminer à quitter cette
» ville. Le Prince leur a répondu qu'il ne pensait pas,
» qu'en temps de paix, on se permît de violer un terri-
» toire neutre. Ce ne fut que vers quatre heures du
» matin que le duc d'Enghien se décida à partir; mais
» c'était déjà trop tard, la ville d'Ettenheim était cernée
» et personne ne pouvait plus en sortir. » M. de Stumpf
termine en affirmant devant Dieu et devant qui de
droit la présente déclaration faite à Strasbourg, le
21 octobre 1827 (1).

« Si M. le duc d'Enghien, dit le général FRIRION, avait
profité d'un avis aussi direct et aussi certain, le crime
qu'on a attribué au Premier Consul n'aurait pas eu lieu;
car plus tard, le général Bonaparte, moins irrité des com-
plots dirigés contre sa personne, se serait félicité d'apprendre

---

(1) La déclaration si précise de M. de Stumpf nous paraît avoir un caractère
de vérité indiscutable, et nous n'hésitons pas à dire que M. Thiers a commis
une erreur en écrivant (tome IV, p. 597 de son ouvrage *Histoire du Consulat
et de l'Empire)* : « Le prince qui avait reçu antérieurement des conseils de
*prudence, mais qui, au moment même, n'eut point d'avis positif de l'expédition
dirigée contre sa personne.....* »

que le Prince avait échappé à la mort qui le menaçait;
cette opinion se trouve confirmée dans le *Mémorial de
Sainte-Hélène* (tome VII, page 330). »

Il n'est pas inutile, avant d'entrer dans les détails de
l'arrestation du Prince, de faire connaître l'opinion expri-
mée par l'Empereur, et les divers sentiments dont son
âme était agitée lorsque cette fatale exécution d'un des
Condé, dans les fossés de Vincennes, revenait à sa mémoire : « L'homme privé, dit M. de Las Cases, se débattait
avec l'homme public. Les sentiments naturels de son
cœur étaient aux prises avec ceux que lui inspiraient sa
fierté et la dignité de sa situation..... Un jour, l'Empereur,
après avoir parlé avec moi de la jeunesse et du sort de
l'infortuné Prince, termina en disant : « Et j'ai appris,
» depuis, mon cher, qu'il m'était favorable; on m'a
» assuré qu'il ne parlait pas de moi sans quelque admi-
» ration... Et voilà pourtant la justice distributive d'ici-
» bas... » Et, ajoute M. de Las Cases, ces dernières paroles
furent dites avec une telle expression! Tous les traits de
la figure se montraient en telle harmonie avec elles que
si celui que Napoléon plaignait eût été en ce moment en
son pouvoir, je suis bien sûr que, quels qu'eussent été ses
intentions ou ses actes, il eût été pardonné avec ardeur.....
Plus loin sur le même sujet, l'Empereur dit : ..... « Assu-
» rément, si j'eusse été instruit à temps de certaines
» particularités concernant les opinions et le naturel du
» Prince, si surtout j'avais vu la lettre qu'il m'écrivit et
» qu'on ne me remit, *Dieu sait par quels motifs!!* qu'après
» qu'il n'était plus, bien certainement j'eusse pardonné. » Le

comte de Las Cases ajoute : « Et il nous était facile de voir que le cœur et la nature seuls dictaient ces paroles de l'Empereur, etc. etc. (1). »

Le général Fririon en recevant l'ordre d'arrêter, en temps de paix et en pays neutre, le duc d'Enghien, reconnut immédiatement l'illégalité d'une mesure qui violait le droit et la justice. Il en comprit aussi toutes les conséquences et sans s'arrêter au danger personnel qu'il pouvait courir, il n'hésita pas à agir selon sa conscience en faisant avertir le Prince, assez à temps, pour lui permettre d'échapper à l'arrestation qui le menaçait.

Reprenons le récit du général Fririon :

« Dans la nuit du 15 mars 1804, nous passâmes le Rhin, le général Ordener et moi, à la tête de 300 hommes et de quelques gendarmes sous les ordres du commandant Charlot, et nous nous dirigeâmes sur Ettenheim, par le territoire de Baden. Le général Ordener, commandant les grenadiers à cheval de la garde consulaire, dirigeait cette expédition. Ce brave général paraissait aussi affecté que moi de la triste mission que nous avions à remplir, car il ne prononça pas une parole, pendant tout le trajet. Arrivés près d'Ettenheim, nous fîmes cerner la ville par les troupes, et le commandant Charlot entra avec ses gendarmes dans le château où était le duc d'Enghien. Il s'empara de toutes les personnes qui étaient dans les

---

(1) M. Thiers (voir tome IV, p. 697, *Histoire du Consulat et de l'Empire*) dit : « Sans doute la résolution du Premier Consul était prise, mais il était agité ; et si le cri du malheureux Condé *demandant la vie fût arrivé jusqu'à lui, ce cri ne l'aurait pas trouvé insensible, il eût cédé à son cœur. Il aurait été glorieux d'y céder…..* »

appartements; mais l'embarras devenait grand : nous n'avions pour mission que d'arrêter le duc d'Enghien, et il n'était connu d'aucun de nous; un aide de camp voyant à la fenêtre une dame qui paraissait prendre un vif intérêt à ce triste épisode, la pria de lui désigner le Prince parmi les personnes arrêtées..... Elle ne put répondre que par des larmes. Cet officier venait de s'adresser à la princesse Charlotte de Rohan, la femme..... ou la maîtresse du duc d'Enghien; nous fûmes, tous, vivement affectés de la douleur de cette malheureuse dame, à laquelle nous arrachions, pour jamais, sans le savoir, l'homme qu'elle chérissait le plus! Mais le Prince fit cesser cette incertitude en se désignant lui-même; nous reprîmes avec lui, dans le plus grand silence, le chemin de Strasbourg. Nous passâmes le Rhin en bateau. Pendant le trajet, le Prince demanda au général Ordener, ainsi qu'à moi, comment il se faisait qu'on était venu l'arrêter sur un territoire neutre, tandis qu'il y était uniquement occupé du plaisir de la chasse. Le général Ordener ne répondant pas, « Monsieur le Duc, lui dis-je, vous êtes militaire et vous » savez que nous ne pouvons commenter les ordres qu'on » nous donne, quelque pénibles qu'ils soient. » Le Prince était fort calme, et paraissait résigné à la détention qui semblait l'attendre. Arrivé à Strasbourg, il fut conduit à la citadelle. J'allai le voir le lendemain, et dans la persuasion où j'étais qu'il serait gardé comme otage, je mis à sa disposition la liste des livres de ma bibliothèque, en le priant de me demander tous ceux qui seraient à sa convenance. Il me répondit qu'il profiterait volontiers de l'offre que je lui faisais..... Mais l'infortuné n'eut pas le temps de lire; on le fit partir le 18 pour le château de Vincennes, où il arriva le 20..... On sait qu'il fut jugé et fusillé le lendemain. »

La conduite du général FRIRION, dans cette circonstance, est au-dessus de tout éloge; elle l'honore d'autant plus que jamais il ne songea à s'en prévaloir sous le règne de la branche aînée des Bourbons, alors que pareille révélation pouvait lui attirer une grande bienveillance du gouvernement de la Restauration et des faveurs dont celui-ci s'est montré peu prodigue à son égard.

En 1805, FRIRION se rendit à l'armée d'Italie, commandée en chef par le maréchal Masséna, et y remplit les fonctions de sous-chef d'état-major. Il se trouva aux passages de l'Adige et du Tagliamento et aux combats de Vago et de Caldiero. Après la signature de la paix, le prince Eugène, auprès duquel il resta quelque temps, comme chef d'état-major général, lui confia le commandement important de Venise.

Par son administration au-dessus de toute critique, par la courtoisie de ses manières, unie à la droiture inflexible de son caractère, FRIRION fit aimer le nom français, et, en quittant la ville, il emporta les regrets des habitants.

Sa mission terminée à Venise, FRIRION, préférant les émotions et les hasards de la guerre, à la haute position qu'il occupait, sollicita vivement le prince Eugène de lui confier une brigade active; le Vice-Roi, qui avait pour FRIRION une estime toute particulière, l'appela au commandement d'une brigade de la division Boudet, en organisation à Vérone. Elle se composait des 3e léger et 93e de ligne.

Le 15 avril 1807, cette division reçut l'ordre de se diriger sur la Prusse; Fririon e rendit, avec sa brigade, à Stettin et fit partie du corps commandé par le maréchal Brune. Il prit part au siège de Colberg, où le 93e se couvrit de gloire; après cinq jours de tranchée ouverte, il s'empara de Stralsund, refuge du vieux roi de Suède, maintint l'ordre le plus complet parmi les troupes qui pénétrèrent dans la ville et la préserva ainsi des malheurs de la guerre, en faisant respecter les habitants et les propriétés.

Plus tard, le roi de Suède, Charles-Jean, adressa au général Fririon le grand-cordon de l'Épée de Suède, en souvenir de sa belle et généreuse conduite à Stralsund. « Une aussi haute récompense, ajoute le biographe du général Fririon, honore à la fois le monarque qui l'accorde et celui qui en est l'objet. »

Les Suédois occupaient encore, assez près de Stralsund pour l'inquiéter, la petite île de Danholm, située entre la ville et l'île de Rugen. Danholm était défendue par un pentagone bastionné non revêtu, armé d'artillerie de gros calibre. Le maréchal Brune décida qu'on s'emparerait de cette île, et chargea Fririon de l'expédition, en mettant sous ses ordres les troupes nécessaires. Placées sous le feu des chaloupes canonnières suédoises chargées de la protection de l'île, nos troupes avaient affaire, en outre, à 14 pièces d'artillerie de gros calibre et à 700 hommes de garnison. Afin de bien connaître le fort ainsi que les côtés de l'île qui pouvaient offrir un point avantageux pour le débarquement, Fririon, du haut d'une tour de la ville, s'étant assuré que le fossé n'était pas palissadé intérieurement, prit immédiatement la résolution d'y pénétrer par les embrasures, persuadé que, dans cette circonstance, l'audace et la promptitude sont les plus sûrs garants du succès. Après avoir canonné le fort, pendant toute une journée, bien plutôt pour user les munitions de l'ennemi que pour réduire le fort, Fririon attend la nuit, donne aux escadrilles qu'il a formées le signal du départ, et malgré les difficultés de tout genre : grosse mer, mitraille lancée par les canonniers ennemis, feu nourri du fort qui avait reconnu les assaillants, il ordonne à ses soldats de se mettre à l'eau, avant que les barques aient touché terre. Les trois détachements gagnent alors le bord ; le général, précédé de deux carabiniers et suivi de ses aides de camp, pénètre dans le fort par une embrasure. En un clin d'œil, il est rejoint par une partie de ses soldats. Toute résistance de l'ennemi était devenue inutile, le commandant suédois remet son sabre à Fririon en lui disant : « Je suis votre prisonnier et je vous rends les armes. »

A son retour, Fririon reçut du maréchal Brune les plus grands éloges ; mais, nous l'avons fait déjà remarquer, l'état-major général n'était pas favorable à « l'ami de Moreau », et le beau fait d'armes de Danholm fut attribué à un autre ; le *Bulletin de l'Armée* ne signala même pas le nom de Fririon. Le *Tulit alter honores* du poète trouva-t-il jamais plus complète et à la fois plus regrettable application ?

La division Boudet ayant reçu l'ordre de se rendre entre l'Elbe et le Weser, la brigade Fririon occupa d'abord Bremen, puis Apenzade et fut attachée au corps d'armée du prince de Ponte-Corvo.

La discipline que FRIRION sut maintenir dans sa brigade fut tellement sévère que les autorités du pays convenaient, elles-mêmes, qu'elles croyaient n'avoir pas de troupes étrangères; aussi le prince de Ponte-Corvo, dont le corps d'armée devait passer dans l'île Seeland, pour la défendre, conjointement avec l'armée danoise, contre les Anglais, n'hésita-t-il pas à confier à FRIRION six bataillons espagnols, une batterie de six pièces de campagne et un escadron de dragons, parce que, lui écrivait le Prince, il considérait qu'il ne pouvait choisir un meilleur officier général, etc., etc. Après des difficultés inouïes, FRIRION pénétra dans l'île Seeland, arriva à Copenhague, en juin 1808; admirablement reçu par le roi Frédéric VI qui, protestant d'une grande fidélité à la France et à l'Empereur, adopta les idées exposées par le général, pour la défense de l'île Seeland, dans le cas d'une descente des Anglais, FRIRION établit son quartier général au château de Roskild, non loin de Copenhague (sept lieues environ) et fit cantonner, dans les villages environnants, les six bataillons espagnols qu'il commandait.

Dociles et bien disciplinées, au moins en apparence, ces troupes, en apprenant la défection de leur ancien chef, le marquis de la Romana, qui ne voulait pas prêter serment au nouveau roi d'Espagne, Joseph Bonaparte, frère de Napoléon, entrèrent en pleine insurrection et se dirigèrent tambour battant et drapeau déployé sur le quartier général, dans l'intention de massacrer leur général français ainsi que les officiers de son état-major. Prévenu à temps, Faimon se mit en défense; mais il allait être accablé par le nombre et infailliblement massacré, lorsque, sur le conseil d'un officier danois, il parvint à gagner l'église de Roskild, en traversant une galerie à découvert et essuyant les coups de feu de ses soldats. On fit, fort heureusement, courir le bruit de sa mort; et, le soir venu, il put, à l'aide d'un déguisement, gagner la ville de Copenhague. Le roi de Danemark lui ayant donné les troupes nécessaires, Faimon fit immédiatement désarmer les bataillons insurgés, et tout rentra bientôt dans l'ordre, grâce aux mesures énergiques qu'il n'hésita pas à prendre.

N'ayant plus de troupes à commander, Faimon offrit ses services au roi de Danemark, jusqu'à ce qu'il fût rappelé par son général en chef; Frédéric VI le combla de bontés; Christian, prince héréditaire, voulait garder Faimon au service du pays, mais il ne put parvenir à vaincre le refus du général dont il appréciait le noble caractère et l'attachement inviolable à sa patrie.

Le général Faimon a conservé, jusqu'à sa mort, des relations que nous pouvons appeler intimes, avec le roi de Danemark. Ce prince, en apprenant la mort du général, qui avait, depuis trente-deux ans, la grand-croix de Danebrog, écrivait à son fils, le 22 novembre 1840, en le nommant chevalier de cet Ordre :

. . . .

« Veuillez recevoir, de ma main, la croix de chevalier de l'Ordre de Danebrog et la porter comme un souvenir de l'impression que monsieur votre père a laissée au Danemark, et en même temps comme un gage de l'intérêt que je porterai toujours à LA FAMILLE D'UN AMI *tel que feu le général baron Fririon. Je vous prie de porter mes doléances à madame votre mère et de me croire, Monsieur, votre affectionné*

» CHRISTIAN, roi. »

Le 2 novembre 1808, Fririon quittait Copenhague, et allant rejoindre sa brigade qui se dirigeait sur Lyon, traversa la Westphalie. Le roi Jérôme lui fit offrir, par le général Eblé, le portefeuille de ministre de la Guerre, mais Fririon, par le même motif qui l'avait fait refuser le roi de Danemark, fit toutes les démarches nécessaires pour qu'un autre que lui fût chargé de ces hautes fonctions.

Trois mois à peine après son arrivée à Lyon, en mars 1809, la division Boudet, dont la brigade Fririon faisait partie, passa le Rhin, marchant sur Vienne. Ce fut Fririon qui, après le passage du Danube, dans la journée du 31 mai, couvrit le village d'Essling, avec les 3e léger et 93e de ligne. Électrisées par l'intrépidité de leur général, ces troupes, quoique exposées, pendant quatre heures, à une grêle de boulets et d'obus, repoussèrent, avec vigueur, une charge de cavalerie, en ne faisant feu qu'à bout portant, d'après les ordres du général.

Le maréchal Lannes, au moment où cette cavalerie venait d'être repoussée, aborda Fririon et lui dit :
« Général, vous et votre brigade, vous vous couvrez de gloire

aujourd'hui ; j'en rendrai compte à l'Empereur. » Ce fut bien peu d'instants après qu'un boulet ennemi enleva à la France celui qui venait de prononcer ces paroles, l'un des hommes de guerre les plus remarquables de ce temps.....

Le général Pelet, dans ses *Mémoires de la Campagne de 1809,* raconte que la brigade Fririon eut la plus grande part de gloire à la sanglante bataille d'Essling.

« Nos cavaliers, dit-il, passent au travers des pelotons, mais les cavaliers ennemis se trouvant bientôt en face d'un mur de baïonnettes, le général Frimion ordonne de ne faire feu qu'à bout portant. Se mettant ensuite à la tête de ses bataillons, il poursuit à quelque distance la cavalerie autrichienne que la fusillade avait mise dans le plus grand désordre, etc., etc. »

A cette bataille, Frimion eut deux de ses ordonnances tuées, son cheval blessé. Il perdit plus de 1,000 hommes, sur un effectif de 2,400.

Ce fut peu de temps après, que, dans une conversation avec l'Empereur, Masséna lui demanda, pour chef d'état-major, le général Frimion, ainsi que nous l'avons dit au début de cette notice.

Après la prise de Stokerau et d'Hollabrünn, le 4e corps marchait sur Znaym, lorsque Frimion donna une nouvelle preuve de son sang-froid et de sa rare intrépidité.

« J'étais, dit-il dans ses *Souvenirs,* aux avant-postes, occupé à faire exécuter les ordres du maréchal (Masséna) que sa chute de cheval forçait à rester dans sa calèche ; nous étions peu loin de Znaym et nous marchions sur cette ville, lorsque j'aperçus une forte colonne de grenadiers hongrois qui en sortait, s'avançant en masse, vers le pont de la Taja, et repoussant nos tirailleurs.

» Inquiet de la position du maréchal que ce mouvement précipité pouvait faire tomber entre les mains de l'ennemi, je rassemblai tout ce que je pus trouver de soldats disponibles de la division Legrand; j'en formai deux pelotons et je me mis à leur tête afin de marcher contre l'ennemi, de l'arrêter s'il était possible, ou au moins de le retarder; je fis, en même temps, prévenir le maréchal Masséna de la position dans laquelle je me trouvais. J'attaquai avec résolution la colonne hongroise, mais bientôt, succombant sous le nombre, je fus renversé de cheval et jeté sur le pont. Les Hongrois étaient tellement ivres, qu'ils oublièrent qu'ils avaient des baïonnettes,.. Ils nous frappaient, mes braves soldats et moi, de leurs crosses de fusil..... La pluie, tombant à torrents, avait mis les armes hors d'état de faire feu. Déjà les Hongrois m'avaient pris mon cheval et s'apprêtaient à me dépouiller, lorsque, conservant tout mon sang-froid, je vis nos cuirassiers s'avançant sur le pont pour nous dégager. Masséna, qui avait jugé le danger auquel j'étais exposé, avait oublié ses douleurs et s'était fait donner un cheval pour se mettre à la tête du régiment que commandait le général Lhéritier. Engagé comme je l'étais sur le pont de la Taja, sur le point d'être tué ou d'être fait prisonnier par l'ennemi; d'un autre côté, exposé à être écrasé par nos cavaliers, je pris un parti désespéré et me précipitai dans la rivière. Je gagnai le bord et montai le cheval d'un chasseur qui se

trouvait auprès de moi et m'empressai, tout meurtri que
j'étais, d'aller prendre part à la brillante charge que fit
le général Lhéritier. Une grande partie de la colonne
autrichienne fut sabrée et faite prisonnière et j'eus le
bonheur de reprendre mon cheval. Le maréchal Masséna
qui me croyait tué ou fait prisonnier me serra dans
ses bras en me revoyant à ses côtés et me dit avec toute
l'effusion d'un cœur reconnaissant : « *J'ai voulu, mon cher
général, m'acquitter envers vous.* »

En 1810, l'Empereur, à l'apogée de sa gloire, résolut de
tenter une troisième fois la conquête du Portugal. Il
s'agissait d'une campagne des plus difficiles et des plus
pénibles. Pays ravagé, ennemi insaisissable, privations de
toute nature. Les obstacles les plus grands devaient être
vaincus par une armée composée de troupes d'élite et
commandée par le maréchal Masséna.

Fririon, chef d'état-major général, malgré le dépérisse-
ment de sa santé, combattit encore à la bataille de Fuentès
de Oñoro, dans laquelle son frère Joseph Fririon, colonel
du 69e régiment, fut grièvement blessé et conserva néanmoins le commandement jusqu'à la fin de l'action (1). Un
autre parent du général, le lieutenant Christophe-Gabriel
Fririon, fut tué dans une charge contre les Anglais.

Les souffrances physiques auxquelles son énergie avait
jusqu'alors imposé silence, pour ainsi dire, contraignirent
Fririon à demander un congé qu'il obtint, à la fin de
mai 1811. Ce repos ne fut pas de longue durée, car, dès

(1) Voir, à la suite, la biographie du général baron Joseph Fririon, page 39.

le mois de juin 1812, le Ministre de la Guerre, qui connaissait le mérite du général Fririon, le chargea de l'inspection des cohortes de la garde nationale du premier ban. Il était inspecteur général de la première division militaire, lors de la conspiration de Malet, à la suite de laquelle il fut nommé gouverneur de Paris, en remplacement du général Hulin (1).

Il passa les années 1813 et 1814 étant inspecteur général.

Pendant les Cent-Jours, l'Empereur qui avait apprécié les éminentes qualités du général Fririon, comme organisateur des grands services militaires, le nomma directeur général du recrutement et le chargea, en même temps, du commandement et de l'organisation des gardes nationales de la première division militaire. Cette haute position, toute de confiance, mettait à chaque instant le général Fririon en rapports directs avec l'Empereur, qui se préparait à la lutte suprême avec les puissances coalisées.

Après la chute de Napoléon, la position de fortune du général Fririon ne lui permettant pas de prendre sa retraite, il fut employé dans les inspections générales, de 1816 à 1827, et fit ensuite partie des comités chargés de revoir et de coordonner les règlements militaires. Il fut l'un des fondateurs du *Spectateur militaire*, à la rédaction duquel il concourut longtemps avec les généraux Pelet, Haxo, Valazé, Lamarque et Préval, ses anciens frères d'armes.

____

(1) Le général Hulin, blessé grièvement lors de la conspiration Malet, fut remplacé par le général Fririon, son ami, qui ne consentit à accepter ce poste qu'à la condition de le rendre au titulaire lors du rétablissement de sa santé.

Le 22 avril 1832, le roi Louis-Philippe le nommait commandant de l'Hôtel des Invalides, cinquante ans jour pour jour après son entrée au service. — Il s'était engagé le 23 avril 1782.

L'Hôtel des Invalides a été, pour lui, la plus heureuse des retraites, tant que le maréchal Jourdan en fut le gouverneur; mais sous le successeur de cet illustre homme de guerre, la situation du général Famion changea complètement; sur la fin de sa carrière, il se vit l'objet de vexations indignes. Ne tenant aucun compte d'un passé glorieux et sans reproche, le chef hiérarchique du général Famion lui rendit la vie presque intolérable; sa constitution, fort éprouvée déjà par les rudes fatigues de la guerre, finit par s'altérer visiblement.....

« Ah ! s'écrie l'auteur de la notice nécrologique du général, avec cet accent de vérité qui écarte tous les doutes, qu'on ne nous accuse pas de vouloir ranimer des discussions à jamais terminées; loin de nous cette pensée, nous garderions le silence si nous n'avions pas à acquitter une dette sacrée: la reconnaissance envers la mémoire du général Famion qui nous honorait de son estime et de son amitié; oui, nous avons été témoins des luttes incessantes que cet homme d'élite à l'âme si belle et si noble à la fois, avait à soutenir contre les conséquences, souvent très pénibles, du parti pris de mauvais vouloir et d'injustice de son chef à l'Hôtel des Invalides. »

Nous ne pouvons nous empêcher d'ajouter : « Quelle triste destinée des choses d'ici-bas ! En pénétrant sous les voûtes de ce palais que Louis XIV éleva pour servir d'asile aux vieux soldats mutilés sur les champs de bataille, FRIRION, après cinquante années de services éclatants, croyait, à bon droit, entrer dans le calme de la gloire. Amère dérision, fatalité cruelle des destinées humaines!... Les dernières années de sa vie ont été empoisonnées par l'injustice et la calomnie! Et voilà l'homme qui, en mai 1833, frappé d'un coup de poignard (qui heureusement ne fut pas mortel) par un assassin, disait au grand chirurgien Larrey qui sondait sa blessure devant toute une famille en proie à la plus vive anxiété: « *Je ne croyais pas avoir d'ennemi!* »

Que pourrons-nous dire de plus après ce cri de la conscience d'un des beaux caractères de la grande épopée militaire de ce siècle?

Le général de division baron FRIRION a laissé, sur la campagne de Portugal, des notes très complètes qui ont été revues et mises en ordre, après sa mort, par son fils, le général Fririon (Jules-Joseph), dont nous allons faire connaître les services. — Cette publication, qui date de 1841, forme une forte brochure in-8° avec cartes (1).

---

(1) La fille aînée du général baron FRIRION (François-Nicolas) avait épousé le général baron Faverot de Kerbrech, un officier de cavalerie, aussi distingué qu'énergique, du premier Empire. — Le fils du général Faverot de Kerbrech vient d'être nommé général de brigade, digne récompense des services qu'il a rendus pendant la guerre de 1870.

Enfin, une autre fille du général FRIRION (François-Nicolas) avait épousé le colonel Drouets, du 25ᵉ régiment de ligne, mort en retraite.

FRIRION (Alphonse)

FRIRION (ALPHONSE), fils du général de division, baron Fririon (François-Nicolas). Élève de l'école de Saint-Cyr, il était lieutenant au 60e régiment d'infanterie lorsqu'il mourut des suites de ses fatigues, pendant la guerre de 1823, en Espagne.

FRIRION (Jules-Joseph)

FRIRION (Jules-Joseph), baron, général de division, second fils du précédent (François-Nicolas), aujourd'hui en retraite, est né en 1805. Il est grand-officier de la Légion d'honneur, grand-croix de l'ordre de Saint-Grégoire le Grand, grand-croix de l'ordre de Stanislas de Russie, commandeur de l'ordre du Christ du Portugal, chevalier de l'ordre de Danebrog.

Sa carrière militaire n'a été que modeste, si on la compare aux éclatants services de son père; Fririon était trop jeune encore pour prendre part aux grandes luttes de la fin du premier Empire.

Il est entré dans le cadre de réserve, à l'époque de la désastreuse guerre de 1870.

Sorti de l'école militaire de Saint-Cyr en 1824, il fit deux campagnes en Belgique et fut fait chevalier de la Légion d'honneur.

En 1847, envoyé en Algérie, comme lieutenant-colonel du 56e de ligne, il fut nommé colonel en 1848, et commanda le 26e. En 1851, il fut chargé de réprimer le mouvement insurrectionnel des Basses-Alpes.

En 1852, nommé général de brigade, il fut deux ans plus tard placé à la tête d'une brigade d'infanterie de l'armée d'occupation de Rome. En 1857, il fut nommé général de division et membre du comité d'infanterie.

Après 54 ans de services, il est aujourd'hui à la retraite.

FRIRION (Alphonse)

FRIRION (ALPHONSE), fils aîné du précédent, engagé volontaire, mourait à vingt ans, du choléra, dans la campagne de Crimée (1854). Ce jeune officier, fort instruit et d'une grande bravoure, donnait les plus sérieuses espérances, et promettait de suivre les traces laissées par sa famille

FRIRION (Édouard-Philippe)

FRIRION (ÉDOUARD-PHILIPPE), frère du précédent, est militaire, comme l'ont été tous les Fririon. Dans cette famille, c'est une tradition à laquelle tous ses membres obéissent avec orgueil, depuis près d'un siècle et demi.

Fririon (Édouard-Philippe), après avoir passé par les différents grades et s'être montré digne de son origine, dans la campagne de 1870, fut fait chevalier de la Légion d'honneur à la terrible bataille de Gravelotte. Il est aujourd'hui chef de bataillon au 116ᵉ de ligne, en garnison à Vannes (1).

(1) Il a épousé, en 1873, la petite-fille du brave général Daumesnil.

FRIRION (Joseph-François)

....

FRIRION (Joseph-François), frère puîné de Fririon (François-Nicolas) dont nous avons tracé plus haut la biographie militaire, a été général de brigade, baron de l'Empire, officier de la Légion d'honneur et chevalier de Saint-Louis. Il était fils de François Fririon et naquit, le 12 septembre 1771, à Pont-à-Mousson (Meurthe).

Un des plus braves soldats de son temps, on l'avait surnommé « l'Ajax » de la famille Fririon.

Tous ses grades, il les gagna sur les champs de bataille.

Il se distingua, par un courage indomptable et de très grandes capacités militaires, dans plus de cent combats... Il prit une part des plus actives à six sièges de places fortes et à quinze batailles rangées; son corps était couvert de blessures, dont quelques-unes avaient été si graves et si douloureuses que bien souvent sa vie fut mise en danger.

Dans cette lutte à outrance, dans cette mêlée effroyable où vainqueurs et vaincus déployèrent le plus admirable courage, à Friedland, Fririon fut grièvement blessé ; son frère, François, son cousin Alexis Fririon furent tués ; son frère Charles, blessé et fait prisonnier,... Nous avons vu la part qu'y prit l'aîné de la famille : Fririon (Nicolas)... Cette famille ne paya-t-elle pas largement sa dette envers la Patrie ?

A Fuentès de Oñoro, pour citer encore un trait de mâle courage de Fririon. Il était colonel, à cette époque ; grièvement blessé, jeté à bas de son cheval, il se fait remettre en selle et continue à commander son régiment, jusqu'à la fin de la bataille...

Il faudrait tout citer lorsqu'il s'agit de ce type achevé de l'homme de guerre dont le courage, et la témérité souvent, se jouaient des plus grands obstacles.

D'une famille dans laquelle le « sentiment de la ligne droite » (qu'on nous permette d'exprimer ainsi notre pensée) la bienveillance, la générosité, l'oubli de soi-même, sont absolument innés, Fririon suivit les traces de son oncle (1) et de son frère aîné (2). Adoré de ses soldats, bivouaquant toujours avec eux, partageant leurs fatigues et leurs privations, il savait, en même temps, maintenir dans son régiment une discipline parfaite, qui, surtout en pays ennemi, forçait à respecter les personnes et les propriétés.

---

(1) Fririon (Joseph-Mathias), intendant général.
(2) Fririon (François-Nicolas), général de division.

Au premier rang de ces hommes de fer dont le caractère digne des temps antiques ne fait aucune concession aux intérêts personnels, Fririon sacrifia tout aux sentiments de fidélité absolue à la cause qu'il avait servie.

Nous avons tenu à esquisser, à grands traits, le portrait du général Fririon (Joseph-François) avant de tracer, en l'abrégeant, le récit de sa vie militaire, et en suivant l'ordre chronologique des événements.

A vingt ans, le 1er février 1791, après avoir assisté, avec son père, à la malheureuse affaire de Nancy (31 août 1790), Fririon s'enrôla dans le Régiment d'Artois (48e d'infanterie), dans lequel il trouva son oncle Mathias, alors capitaine, et son frère aîné Nicolas, qui venait d'être nommé quartier-maître trésorier. Comme fils de citoyen actif et par suite de l'émigration d'un grand nombre d'officiers, Fririon fut nommé sous-lieutenant le 15 septembre 1791, puis lieutenant moins d'une année après.

Il fit partie de l'armée du Rhin commandée par le général Custine. Le jeune lieutenant avait une instruction bien au-dessus de la moyenne. Il avait, comme son frère aîné et certains de ses cousins, fait d'excellentes études au collège de Pont-à-Mousson ; un avancement aussi rapide n'a donc rien qui puisse surprendre, à une époque où les volontaires instruits faisaient souvent défaut..... Dans les campagnes de 1792 et de 1793, il eut l'occasion de se signaler en diverses circonstances. Un peu plus tard, étant à Mayence, avec un détachement, au moment où cette ville soutenait héroïquement un siège qui devait durer quatre mois, il se précipita au milieu des flammes pour sauver la caisse de son régiment déposée dans une maison incendiée par l'ennemi; il parvint à s'en emparer et à la placer en sûreté chez le commissaire ordonnateur. Plusieurs fois, dans cette campagne, le nom de Fririon fut cité par le général Beaupuy, avec les plus grand éloges, notamment après le combat de Korteim, livré le 3 mai 1793.

Cette brave armée qui, aux termes d'un décret de la Convention nationale, avait bien mérité de la Patrie, ne pouvant plus servir contre les coalisés, fut envoyée en Vendée où elle conserva sa glorieuse dénomination « d'Armée de Mayence ».

Fririon prit part successivement au combat de Torfou, à celui de Saint-Léger, à la prise de l'île de Noirmoutiers, aux combats de Cholet, de Chemillé et de Saint-Philbert-de-Grandlieu.

Il n'est pas sans intérêt de faire remarquer que Fririon fut blessé, plus ou moins grièvement, dans presque toutes les rencontres. Chose étrange que la destinée des deux frères à cet égard, tous les deux braves comme leur épée, allant au-devant du danger et ne cherchant jamais à s'en rendre compte avant de se précipiter dans les mêlées les plus sanglantes. Fririon Nicolas, l'aîné de la famille, n'a jamais été blessé.... (sinon par un assassin, comme on l'a vu précédemment), son frère (Fririon Joseph) avait le corps troué comme une cible et couvert de cicatrices glorieuses....

Parmi les faits d'armes que nous pourrions citer, il en est un, celui de Saint-Philbert, qui mérite une mention particulière, car il justifie pleinement le surnom donné à Fririon par tous les siens.

Près de Saint-Philbert, la colonne mobile dont il faisait partie se trouvant acculée à un étang et surprise, dans cette fâcheuse position, par une masse vendéenne, n'avait d'autres ressources que de se faire jour à travers les assaillants. — Il fallait vaincre ou mourir. — Fririon, le sabre à la main, se porte en avant de la colonne et se précipite, à la course, sur l'ennemi, suivi de ses braves soldats. Les Vendéens, terrifiés par cette attaque aussi impétueuse qu'inattendue, s'enfuient en désordre. Emporté par son ardeur, Fririon en courant sur l'ennemi se trouve bientôt loin de ses camarades. En sautant une haie, il fléchit et se voit attaqué par trois Vendéens qui fondent sur lui à la baïonnette. Il n'a que le temps de se relever pour faire face au danger. Par des mouvements habiles, il parvient à isoler ces hommes l'un de l'autre; puis, se précipitant sur celui qui est le plus près de lui, d'un coup de sabre appliqué de toute sa force, il lui fend le crâne; il se jette aussitôt sur le second, dont il saisit le fusil de la main gauche, tandis qu'il lui plonge son sabre à travers le corps. Le troisième homme, renonçant à la lutte, veut chercher son salut dans la fuite.... il est sabré à son tour.

Ce combat héroïque et digne d'être comparé à celui des Horaces ne dura que quelques minutes; la colonne en fut témoin sans pouvoir porter secours au brave Fririon qu'elle croyait perdu... A son retour, elle l'accueillit avec le plus vif enthousiasme.

Ce trait d'audace et de sang-froid, en même temps, donne la mesure de la bravoure de Fririon.

Le cœur ulcéré de ce qui se passait en Vendée, puis à Nantes où il avait été témoin des atrocités commises par le représentant du peuple Carrier; à Noirmoutiers enfin, où l'infortuné d'Elbée, blessé, fut placé dans un fauteuil et fusillé, Fririon demanda et obtint de revenir à son ancien régiment, à l'armée du Rhin, avec le détachement qu'il commandait au siège de Mayence.

Le régiment rejoint par Fririon campait devant Neustadt. Il était commandé par le colonel Gudin. Après s'être distingué au siège de la tête de pont de Manheim où il entra l'un des premiers, Fririon fut nommé capitaine, au choix des soldats et par acclamation unanime. Le 19 frimaire an IV, par les dispositions les plus heureuses, Fririon protège la retraite de la demi-brigade Frémont placée dans une position des plus périlleuses qui la mettait au pouvoir de l'ennemi. Cette action d'éclat lui valut les félicitations les plus vives du général Frémont.

A la suite d'un armistice, il y eut une nouvelle organisation de l'infanterie dont un des résultats fut la réforme des capitaines les moins anciens. Fririon étant de ce nombre, quitta le corps et se rendit à Strasbourg, où il fut employé auprès du général Schauenbourg. Ce ne fut que le 23 thermidor an IV, qu'il rejoignit sa demi-brigade. Il assista à la bataille de Neresheim, au combat de Lech, à celui de Geisenfeld et de Neustadt. A la célèbre retraite de Moreau, pendant laquelle on combattit presque tous les jours, Fririon fut chargé d'escorter le grand parc d'artillerie de l'armée, jusqu'au passage du Rhin, à Brisach. Il se distingua également à la défense de Kehl. D'après le traité de Campo-Formio, Mayence et la tête de pont de Manheim devaient être livrés aux Français. En conséquence, un corps de troupes françaises entra à Mayence, une autre colonne marcha sur la tête de pont de Manheim comptant y entrer sans résistance, en vertu des stipulations du traité. Fririon, capitaine de grenadiers, dans le bataillon formant l'avant-garde, arrivé à une portée de fusil, est assailli par une grêle de mitraille et de boulets; il perd du monde et fait descendre ses grenadiers par le revers de la route faisant coude à cet endroit; puis, la nuit venue, d'accord avec son camarade capitaine de la 2e compagnie, tous deux s'avancent à pas de loup, suivis de quelques hommes pour reconnaître l'entrée du fort. Après s'être assurés qu'elle n'est défendue ni par un pont-levis, ni par un cheval de frise, ils font avancer les trois compagnies de grenadiers, entrent brusquement dans ce fort et s'en emparent. La garnison mit bas les armes. Ce fut donc à l'initiative de Fririon, à son intelligence et à sa bravoure, qu'on dut le succès de cette périlleuse entreprise.

Son régiment ayant été rejoindre l'armée d'Italie, Fririon prit part au siège de Civita-Vecchia, au combat de Tolfa et à la bataille de la Trebbia.

Le 15 germinal an VIII, il était appelé par Moreau à l'armée du Rhin en qualité d'adjoint à l'état-major général. Il quitta Gênes où il était resté un mois entre la vie et la mort, atteint qu'il était de la fièvre jaune, et se mit bientôt à la disposition de son ancien et brave ami, l'adjudant général Rapatel, qu'il joignit à Bâle. Il combattit à Engen et le 15 floréal, il fut nommé chef de bataillon sur le champ de bataille de Mœskirch.

Aux combats de Biberach, d'Erbach, de Neresheim et surtout à la bataille d'Hochstaedt, FRIRION prit une part très active; il attira tout particulièrement l'attention de ses chefs par une intelligence très vive et une initiative des plus remarquables

Le cadre assez restreint de ce travail ne nous permet pas de suivre, dans tous ses détails, la biographie écrite par le fils du Général, officier supérieur en retraite qui nous pardonnera de parler de lui (même d'une manière aussi rapide); mais cette biographie.... nous l'avons sous les yeux et en la lisant nous regrettons de ne pouvoir la reproduire en entier....

La paix ayant été signée à Lunéville, l'armée du Rhin rentra en France après avoir fait une magnifique campagne. Nous trouvons FRIRION en Bretagne; il avait été nommé major et il était passé de la 38e demi-brigade au 39e de ligne où il ne tarda pas à se montrer excellent administrateur militaire. Au camp de Boulogne, l'Empereur lui remit la croix d'honneur et le 10 avril 1807, il était nommé colonel du 69e régiment de ligne.

FRIRION se distingua à la tête de ce régiment à Guttstadt, à Deppen et surtout à la bataille de Friedland où il fut blessé au flanc gauche par un biscaïen. Nous ne pouvons passer sous silence l'épisode suivant de cette sanglante lutte dont nous avons parlé très succinctement, au début de cette notice, et dans lequel FRIRION se conduisit en héros.

. . . .

« Le moment est terrible ! deux de nos caissons sautent ; notre artillerie est démontée ; le terrain est, à l'instant, jonché de soldats abattus par les projectiles ; les deux chefs de bataillon sont mis hors de combat ; plusieurs officiers de ce régiment sont tués ; le colonel FRIRION, placé au centre de son régiment, comme un drapeau, rassure ses soldats forcés de se résigner, pour le moment, à cette halte sanglante et étourdis par les détonations incessantes ; par son attitude calme il donne l'exemple de ce courage qui ne l'abandonna jamais dans les dangers ; il tombe bientôt frappé au côté gauche par un biscaïen au milieu de ses soldats...

» Tous les officiers supérieurs du 69e, étant tués ou blessés, un capitaine prend le commandement du régiment ; il est aussitôt tué. La cavalerie russe pénètre au milieu de nos rangs déchirés par les boulets et la mitraille. Sur le champ de bataille où, comme nous l'avons dit, tous avaient fait leur devoir, les Russes étaient couchés morts ou estropiés, marquant toujours leurs trois rangs. »

Nous avons fait connaître combien cette bataille avait coûté aux Fririon ; deux officiers tués, deux blessés, dont l'un fait prisonnier.

Ce fut à la suite de son héroïque conduite à Friedland que FRIRION fut nommé officier de la Légion d'honneur et baron de l'Empire.

Après la paix de Tilsitt, FRIRION, envoyé en Silésie, eut grand'peine à se remettre de ses blessures. Il était à peine rétabli, que, le 16 août 1808, le 6e corps reçut l'ordre de se diriger sur l'Espagne. Le 69e régiment qui faisait partie de ce corps traversa la France et se trouva le 30 novembre à l'investissement de Saragosse.

Le 16 janvier 1809, le colonel Frimion battit l'arrière-garde de la Romana, à Rua, sur le Riosël ; et, le 18, il mit en fuite un corps de troupes espagnoles. — S'étant écarté pour faire une reconnaissance du pays, Frimion, entré dans une maison située au bord d'une route, se trouve seul au milieu d'une vingtaine de soldats espagnols : « Vous êtes mes prisonniers, s'écria-t-il en espagnol, je vous somme de vous rendre. » Les soldats ne doutant pas de la présence de troupes ennemies, déposent leurs armes et se constituent prisonniers. — Un quart d'heure après, seulement, nos troupes arrivèrent sur les lieux.

Le 3 février suivant, Frimion étant gouverneur de la province, un habitant de la ville de Tuy vint lui indiquer le montant des sommes déposées dans les caisses de l'administration espagnole... Frimion, dont nous connaissons la loyauté et la délicatesse, ne profita de l'offre qui lui était faite que pour demander une paire de souliers et du vin pour chacun de ses soldats... Ce trait peint l'homme. — S'étant emparé du port de la Guarda, dans lequel flottait un bâtiment espagnol chargé d'objets précieux, les habitants proposèrent à Frimion de fortes sommes s'il consentait à ne pas s'en emparer, Frimion n'accepta rien et répondit que la propriété serait respectée aussi bien que les personnes. — Ces actes de désinté-

ressement et de loyauté inspiraient l'affection du nom
français, sans doute, mais la guerre entraîne après elle
tant de maux, tant de représailles! Pour un beau trait
de ce genre, combien de capitulations de conscience et
souvent d'exactions!

Après avoir mis en fuite, le 10 mars, un corps d'insurgés, il s'empara, le 20 avril, de Cé et de Corcubion d'où
il chassa à coups de canon, vingt chaloupes canonnières
et une frégate anglaise. — En outre, il fit brûler un
dépôt de trois mille fusils anglais.

Le 27 avril 1809, avec un détachement de huit compagnies, il dispersa un corps de trois mille hommes venant
du Danemark où il avait été commandé par Fririon
Nicolas, son frère aîné; ces troupes, comme nous l'avons
fait connaître, s'étaient insurgées contre leur général et
avaient voulu lui faire un mauvais parti; elles avaient,
sous ses yeux, massacré son aide de camp et commis
des atrocités; leur commandant, le colonel Fririon,
fit prévenir Morillo qu'il ne ferait pas de quartier; il
tint parole, car, ayant fait trois cents prisonniers, il les fit
tous fusiller. Il contribua à la défense de Lugo, assista
à cinq combats et aux sièges de Ciudad-Rodrigo et
d'Almeida.

Nous ne suivrons pas le colonel Fririon dans les combats qu'il eut à soutenir chaque jour, pour ainsi dire, à
l'armée de Portugal, pendant les années 1810-1811.

Nous devons cependant citer: le passage du pont de la
Ceira où Fririon déploya le plus mâle courage; sa brillante
conduite à la bataille de Fuentès de Oñoro où, bien qu'il

fût blessé au bras gauche, il conserva la conduite de son régiment.

Le 22 juin 1811, il fut nommé général de brigade et attaché à la 4e division de l'armée de Portugal.

Le corps d'officiers du 69e adressa à Fririon une lettre dans laquelle il manifestait sa douleur de se séparer de lui. Les soldats le virent partir avec le regret qu'éprouvent des enfants qui sont forcés de se séparer d'un père bien-aimé. Ils le lui témoignèrent de la manière la plus touchante. C'est donc avec la plus vive émotion que Fririon quitta le brave 69e qui ne cessa jamais d'être pour lui l'objet d'une tendre sollicitude.

Après avoir combattu à Novès puis à Alicante (janvier 1812), ensuite à Yepès, où il mit en déroute un corps de guérillas, Fririon fut nommé gouverneur de Salamanque où il s'occupa de ravitailler l'armée qui en avait grand besoin. Forcé bientôt par les approches des Anglais de quitter cette ville, il combattit encore à Castellanos et à la Huerta (21-23 juin 1812).

Le 21 juillet 1812, le maréchal Marmont, duc de Raguse, se trouva en face de l'armée ennemie près des Arapiles. Notre armée, composée de huit divisions, ne comptait que 36,000 hommes et 1,200 chevaux, tandis que les Anglo-Portugais avaient 70,000 hommes et 6,000 chevaux; nos divisions débordées se retirèrent, en désordre, vers le bois d'Alba de Tormès. Après une résistance énergique, vers deux heures de l'après-midi, la 4e division, dont faisait partie la brigade Fririon, fut placée en réserve sur la lisière de la forêt d'Alba de Tormès et en arrière de nos divisions engagées. En ce moment, le maréchal, grièvement blessé au bras et au côté par un boulet creux, dut céder le commandement au général Clauzel.

Le général FRIRION, voyant la gauche de notre armée sur le point d'être écrasée, le centre dégarni et la droite hors d'état d'entreprendre la moindre attaque, avait dit au général Sarrut, son général de division, que la bataille était perdue, que les troupes allaient arriver en désordre sur la division, et que, par conséquent, il était urgent de se déployer pendant que la 2e brigade resterait en colonnes pour couvrir la gauche accessible à la cavalerie ennemie.

Le général Clauzel vint en même temps prévenir le général Sarrut qu'il le chargeait de protéger la retraite de l'armée, indiquant comme point de ralliement le chemin traversant la forêt d'Alba de Tormès.

La nuit était venue. L'ennemi, poursuivant nos troupes, arrivait auprès de la division de réserve. Il n'y avait pas une minute à perdre pour se déployer, comme l'avait indiqué FRIRION au général Sarrut dont la division était hors d'état de faire feu, — mais ce général ne fit aucune réponse et rejoignit la 2e brigade.

Dans cette situation périlleuse, FRIRION prend l'initiative, déploie sa brigade (il en était temps, les tirailleurs anglais arrivaient), commande le feu à son artillerie et à sa troupe; en peu de temps, la mitraille et la fusillade font des ravages affreux dans les rangs ennemis; la plaine est jonchée de morts et de blessés.

La poursuite faite par les Anglais est ainsi complètement

arrêtée. Mais tandis que le général Fririon protégeait, avec tant de bravoure, la retraite de l'armée, la 2e brigade, celle qui devait soutenir son flanc gauche, avait disparu avec le général de division, sans donner aucun avertissement à Fririon qui était aux prises avec des masses ennemies. Heureusement que les Anglais ne surent pas tirer parti des avantages qu'ils avaient obtenus, car Fririon tint bon dans cette position périlleuse, jusqu'à dix heures du soir. Certain alors qu'il pouvait rejoindre l'armée sans danger, il se fraya, à l'aide de sapeurs, un passage dans la forêt et put y faire passer son artillerie. En approchant du lieu de ralliement, il essuya le feu des gardes avancées, qui crurent à une surprise de l'ennemi. A minuit, la brigade Fririon arrivait dans un ordre parfait auprès du général de division qui la croyait anéantie. Les talents militaires, le sang-froid, la bravoure de Fririon dans cette circonstance sont au-dessus de tout éloge.... Néanmoins, par un oubli qu'il est difficile de s'expliquer.... il ne fut pas porté à l'ordre du jour de l'armée. Le général Fririon se distingua encore à Florès d'Avila, à Villa-Diego, à Saldanha et, à la fin de 1812, mis à la tête de la 4e division devant stationner dans la province de Valencia avec l'ordre d'y lever huit millions de contributions de guerre.

A la bataille de Vitoria, nos armées étaient composées : de celle du Midi commandée par le général Gazan ; de celle du Centre sous les ordres du comte d'Erlon, des 4e et 6e divisions de l'armée de Portugal sous le général Reille, le tout commandé par le roi Joseph ayant pour major-général le maréchal Jourdan. Accablée par le nombre, le désordre se mit bientôt dans l'armée ; l'ennemi s'empara de nos fourgons, de notre grand parc, de nos bagages et des richesses amassées en Espagne. Vers cinq heures du soir, la déroute était à peu près complète. La brigade Fririon, seule en bon ordre, se trouva loin du gros de l'armée et en face de l'ennemi ; Fririon vit accourir le général Reille qui ordonna la retraite après avoir fait former deux carrés. L'un commandé par lui-même (2e léger), l'autre par Fririon (36e de ligne).

Suivis de près par les Anglais, ces deux carrés couvrirent la retraite avec un ordre admirable ; la cavalerie ennemie les chargea vigoureusement d'abord, mais elle fut forcée de se replier, car elle était écrasée par un feu très nourri qui lui faisait éprouver de très grandes pertes. Nos carrés restèrent inébranlables. La nuit venue, les ennemis cessèrent leur feu et les Français purent enfin rejoindre l'armée près de Salvatierra après une lutte des plus vives pour protéger la retraite.

Le général Foy ayant été blessé à la bataille d'Orthez, le 27 février 1814, Fririon le remplaça dans le commandement de sa division, à la tête de laquelle il combattit encore à Toulouse (10 avril 1814).

En revoyant son vieil oncle, le baron Mathias Fririon qui, à cette époque, était, ainsi que nous l'avons vu, secrétaire général du Ministère de la Guerre, il lui dit :

« Mon cher oncle, la victoire nous a abandonnés. J'ai fait mon devoir dans toutes les circonstances et jusqu'au bout; êtes-vous content de votre neveu, de vos deux neveux? — Oui, répondit l'aîné de la famille Fririon, viens encore dans mes bras. »

Il se retira en même temps que son oncle dans sa ville natale, à Pont-à-Mousson, et fut mis en demi-solde.

Le 24 août 1814, il fut nommé chevalier de Saint-Louis par Louis XVIII.

Lorsque Napoléon revint en France pendant les Cent-jours, Fririon reçut le commandement d'une brigade, à l'armée du Rhin, dans un pays où il s'était illustré dans un grand nombre de combats; nous le trouvons toujours luttant avec énergie contre des forces infiniment plus considérables que les siennes. Enfin, après Waterloo et à la rentrée des Bourbons, Fririon fut chargé du licenciement de sa brigade.

« Je suis chargé de vous licencier, dit-il à ses soldats; l'histoire de la monarchie française nous apprend qu'autrefois lorsqu'on licenciait les troupes après les guerres, les routes étaient infestées de brigands. Il n'en sera pas de même de vous; vous êtes les premiers soldats du monde; il faut à présent que vous soyez les citoyens les meilleurs, les plus généreux de France. Je vous licencie, c'est l'ordre qu'il faut que j'exécute. Eh bien, moi aussi je me licencie, je partagerai votre sort. Adieu, mes camarades, mes amis, adieu! »

Le général Fririon, ajoute son biographe, se retira donc dans ses foyers jeune d'âge encore, mais vieux de gloire.

Dans le cours de sa vie militaire, il s'était trouvé dans les circonstances les plus difficiles, à tous les points de vue; il n'eut pas le bonheur de combattre souvent, sous les ordres directs de l'Empereur, et de prendre part à ces grandes batailles dans lesquelles des généraux du mérite le plus éclatant exécutaient souvent des ordres dictés par le génie.

Le général Fririon dut trouver dans des talents militaires de premier ordre, dans son énergie, dans la rapidité de son coup d'œil, les moyens de sortir avec gloire de luttes acharnées dont les difficultés et les périls augmentaient quelquefois par la rivalité des chefs de corps. Il savait calculer, avec une présence d'esprit admirable, les mesures à prendre pour arrêter l'ennemi dans sa victoire et protéger l'armée; tel on le trouve: à Strasbourg, à Toulouse, à Orthez, aux Pyrénées, à Vitoria, aux Arapiles, à Fuentès de Oñoro, etc. Que d'exploits restés inconnus! La modestie de Fririon n'avait d'égale que son mérite! — Nous l'avons dit: Fririon se retira à Strasbourg qu'il venait de défendre avec tant de distinction jusqu'au dernier moment. — Il y vécut constamment dans la retraite, se conciliant l'estime et l'affection de tous les habitants. Jaloux de voir l'armée tenir toujours le premier rang, il publia en 1821 un ouvrage intitulé: *Considérations sur l'Infanterie;* fruit d'une longue expérience acquise au milieu de nos champs de bataille. Il signale dans cette publication les vices à déraciner et les améliorations à introduire dans notre armée.

A la révolution de 1830, il rentra dans le cadre d'activité de l'armée, et fut nommé successivement au commandement des départements de l'Allier, de la Haute-Saône et du Bas-Rhin; — puis, il fut mis à la retraite le 1er octobre 1833, par application des dispositions de l'ordonnance du 5 mai 1832. — Le général Frimon s'est éteint le 1er mai 1849, avec le calme du juste. Peu de temps avant sa mort, il disait à ses enfants : « Je vous laisse peu de fortune parce que j'ai voulu rester honnête homme; mais vous avez un nom estimé et respecté. Vous pourrez vous présenter partout avec confiance, même dans les pays étrangers qui ont le plus souffert de nos guerres, et quand vous vous serez nommés on dira : Voilà les enfants d'un homme de bien! — C'est là ma consolation, ma récompense, mon bonheur ici-bas que rien au monde ne saurait remplacer. »

Nous avons terminé l'abrégé du récit de la vie militaire du général Frimon (Joseph-François). Cette vie est digne de servir de modèle à l'homme de guerre et au citoyen.

FRIRION (François)

FRIRION (François), frère du général de division (François-Nicolas) et du général de brigade (Joseph-François), naquit à Pont-à-Mousson, le 26 septembre 1776; c'était le plus jeune de la famille. Il alla rejoindre ses deux aînés et son oncle, Mathias Fririon, et s'enrôla comme volontaire, en 1792, dans le Régiment d'Artois. Il fut nommé sous-lieutenant en 1798, l'année suivante nous le trouvons lieutenant aide de camp, et enfin capitaine en 1806. Il fut fait chevalier de la Légion d'honneur en 1807. A la bataille de Friedland, il fut tué par un boulet de canon; il était alors capitaine de grenadiers.

Comme ses deux autres frères, Fririon (François), avant de s'enrôler dans le Régiment d'Artois, avait fait toutes ses études au collège de Pont-à-Mousson. Son instruction était remarquable, aussi le voyons-nous aide de camp lorsqu'il n'était encore que lieutenant. C'était un militaire de grand avenir.

Dans cette sanglante bataille de Friedland, si funeste à la famille, la mort l'a frappé lorsqu'il avait encore tant d'années à consacrer au service du Pays!

FRIRION (François)

<hr>

FRIRION (FRANÇOIS), né à Montanville (Meurthe), le 9 janvier 1764, cousin des précédents : son père Michel Fririon était régent d'école. Il s'enrôla comme volontaire, en 1789, le 6 avril, dans le premier régiment de carabiniers.

FRIRION fit ses deux premières campagnes à l'armée du Nord. Il fut grièvement blessé d'un coup de sabre à la tête, le 23 septembre 1793.

Il passa ensuite lieutenant dans le corps des tirailleurs de Nancy à l'armée de la Moselle, le 14 brumaire an II ; il y devint capitaine immédiatement ; le 5 nivôse suivant, il était à la tête de sa compagnie à la prise des lignes de Wissembourg. A cette affaire, qui fut très chaude, FRIRION reçut quatre coups de sabre et un coup de baïonnette, en enlevant deux pièces de canon à l'ennemi. Il passa, avec son grade, par ordre du Représentant du Peuple, dans le 12e bataillon des corps francs.

Avec sa perspicacité ordinaire et ce flair de l'homme de guerre qui était une des caractéristiques de la famille, il sauva la brigade du général Paillard, très menacée par l'ennemi. Il fut envoyé ensuite à l'armée de Rhin-et-Moselle, et là, devant Mayence, le 11 floréal, il fut blessé d'un coup de feu au pied gauche. Dans cette même campagne, il se signala par un acte d'une grande bravoure en contraignant l'ennemi à abandonner deux pièces de canon près de Trèves. Il ouvrait ainsi un passage à l'armée du Centre, commandée par le général Desbureaux.

Au siège de Manheim, en l'an IV, pendant la nuit du 7 brumaire, il surprit l'ennemi ; et, après un combat des plus opiniâtres, il parvint à le déloger de ses retranchements.

Comme son cousin (Fririon Joseph) qui n'assistait guère à un combat sans recevoir coups de feu ou coups de sabre, Fririon eut la partie supérieure de la cuisse traversée par un coup de feu, blessure grave dont il resta quelque temps à se rétablir.

En Helvétie, au commencement de l'an VI, après avoir été incorporé dans l'armée du Nord, il est nommé capitaine titulaire, à l'armée des Alpes (13 messidor an VII). Le 9 brumaire de l'année suivante, il en commandait le 2e bataillon, et par une manœuvre habile, soutenue par un feu très vif et très bien dirigé, Fririon parvint à dégager son bataillon qui était entièrement cerné par l'ennemi.

Dans les combats livrés aux Piémontais les 13 et 19 du même mois, il eut l'occasion de donner de nouvelles et éclatantes preuves de ses talents militaires.

De l'armée d'Italie, il passa à celle des Grisons et fit la

campagne de l'an X contre les insurgés de la Suisse et du Valais. Il fut nommé chevalier de la Légion d'honneur pendant qu'il était en garnison à Turin.

Il fit les campagnes de 1805-1806 avec le 5e régiment de ligne, dans lequel la 87e brigade avait été incorporée. Puis, en 1807, celles d'Italie et de Dalmatie, avec le 8e corps d'armée.

Brisé par les fatigues de la guerre, Fririon prit sa retraite le 8 février 1810. Mais une fois à peu près rétabli, il lui parut impossible de renoncer au métier des armes; il fut donc, sur sa demande, remis en activité le 2 août suivant, et nommé aide de camp du général baron Lacoste, commandant la 4e division militaire à Nancy.

Le 4 septembre 1812, il entrait avec son grade de chef de bataillon dans le 9e régiment d'infanterie légère et servit en Saxe dans le 3e corps d'armée. Le 2 mai 1813, à la bataille de Lutzen, il recevait un coup de feu dans l'estomac..... Le 24 juin suivant, il était nommé officier de la Légion d'honneur.

A peine guéri de sa blessure, ses forces le trahissent; mais toujours aussi énergique que par le passé, il prend le commandement du 3e bataillon de son régiment au 6e corps..., et trouve la mort à Montmirail, le 11 février 1814, après avoir servi son pays pendant vingt-cinq ans. Il était lieutenant-colonel.

François Fririon fit honneur à cette belle famille qui donnait, sans compter, ses enfants pour défendre la Patrie.

FRIRION (Christophe)

FRIRION (Christophe). Engagé volontaire au Régiment d'Artois en 1792; capitaine au 23° de ligne. Il fit partie en 1802 de l'expédition destinée à faire rentrer Saint-Domingue sous la domination française. Cette expédition était commandée par le général Leclerc, beau-frère de Bonaparte (1).

L'armée, au bout de peu de mois, fut décimée par les maladies, et FRIRION (Christophe) fut tué par les nègres.

(1) Il avait épousé, en 1797, Pauline, sœur de Bonaparte, depuis princesse Borghèse.

FRIRION (François-Joseph)

FRIRION (François-Joseph), frère du précédent, est né à Pont-à-Mousson le 5 juin 1782. Il s'engagea et fut incorporé dans le 96e de ligne en 1803. Il était sous-lieutenant en 1806, capitaine en 1809 et chef de bataillon en 1814. Il fit les campagnes de 1808, 1809, 1810 et 1811 en Espagne et se retira dans ses foyers à Pont-à-Mousson, où il est mort en 1818.

FRIRION (Christophe-Gabriel)

FRIRION (Christophe-Gabriel), frère des trois précédents, est né à Pont-à-Mousson en 1784. Il s'engagea comme volontaire, à dix-huit ans (vendémiaire an X).

Il était sous-lieutenant en 1809, puis il passa lieutenant en 1811; ce fut dans la terrible campagne d'Espagne, qu'il fut tué, à la bataille de Fuentès de Oñoro (5 mai 1811), ainsi que nous avons eu l'occasion de le signaler dans la notice biographique du général de brigade Fririon (Joseph-François).

FRIRION (Alexis)

FRIRION (ALEXIS), frère de Christophe et de François-
Joseph, né à Pont-à-Mousson le 3 avril 1786. Était élève
de Fontainebleau. Il fut incorporé dans le 15ᵉ de ligne. Il
fut tué par un boulet à la bataille de Friedland, ainsi
que nous l'avons dit en relatant les pertes faites par la
famille dans cette terrible journée.

FRIRION (Charles-Jean-Pierre)

FRIRION (Charles-Jean-Pierre) naquit à Pont-à-Mousson le 27 novembre 1787. Il entra comme son frère à l'École militaire de Fontainebleau.

A l'âge de dix-neuf ans, en 1806, il débutait comme sous-lieutenant dans le 39e régiment de ligne; lieutenant en 1808, capitaine en 1809. Il avait été décoré de la Légion d'honneur dès l'année 1807. En 1811, nous le trouvons aide de camp du général de brigade Joseph Fririon et plus tard en 1813, avec le même grade, attaché au général de division baron Fririon (Nicolas).

Il se fit particulièrement remarquer dans les campagnes de 1806 et 1807 à la Grande Armée, et dans celles de 1808, 1809, 1810, 1811, 1812 et 1813 en Espagne et en Portugal. Blessé au combat de Guttestadt et au siège de Ciudad-Rodrigo, il mourut de ses blessures en 1814.

FRIRION (Abel)

FRIRION (Abel) qui avait épousé une sœur des quatre Frimion dont nous venons de parler, suivit la voie tracée par ses beaux-frères. Il était lieutenant de dragons, lorsqu'il fut tué à la bataille d'Austerlitz (2 décembre 1805).

FRIRION (Frédéric-Armand-Ferdinand-Adolphe)

FRIRION (Frédéric-Armand-Ferdinand-Adolphe), fils de François Fririon, chef de bataillon et officier de la Légion d'honneur, est né à Livourne en 1803. — Il a été élève de Saint-Cyr. — Il est mort à dix-huit ans le 7 juillet 1821.

FRIRION (Eugène-Hippolyte-Pierre)

FRIRION (Eugène-Hippolyte-Pierre), né le 13 janvier 1849 à Pont-à-Mousson, entré au service en 1865. — Il était aspirant de marine de 1re classe le 2 octobre 1868 ; enseigne le 15 août 1870 et enfin il a été nommé lieutenant de vaisseau le 18 mars 1879 ; il est de 1re classe ; son port d'attache est Toulon ; il a été nommé chevalier de la Légion d'honneur, par décret du 28 décembre 1885.

FRIRION (Laurent-Théophile)

FRIRION (LAURENT-THÉOPHILE), né le 23 octobre 1850,
à Pont-à-Mousson, frère puîné du précédent.

Engagé volontaire, incorporé au 8e régiment d'infanterie
de ligne, le 2 novembre 1867, à dix-sept ans.

Il était sergent-fourrier le 7 février 1872.

Le 17 août suivant, il passait au 5e de ligne et devenait
1er secrétaire du trésorier, le 3 février 1874. A été libéré
du service militaire le 2 novembre 1874.

FRIRION a fait la campagne contre l'Allemagne en 1870
(19 juillet au 15 août). Fait prisonnier le 16 août à Gravelotte, il est resté en Allemagne jusqu'au 18 juillet 1871.

GEMÄHLING (François-Ferdinand)

GEMÄHLING (FRANÇOIS-FERDINAND), par sa mère Catherine Fririon, était de cette famille lorraine de défenseurs du Pays.

Né en 1769, à Pont-à-Mousson, il fit de très bonnes études au collège de cette ville et ce fut son parent Fririon (François-Nicolas) qui le guida dans ses premières années.

Fririon (François-Nicolas) qui, comme nous l'avons vu, est une des gloires de la famille, fut lui-même un des plus brillants élèves de ce collège de Pont-à-Mousson.

GEMÄHLING (François-Ferdinand), bien que fils unique, n'hésita pas à s'enrôler comme volontaire en 1791. Il suivait en cela l'exemple de tous les Fririon ses parents, et justifiait ainsi la vérité de ce vieil adage : « Bon sang ne peut mentir ».

Il fut incorporé le 19 août 1791 dans le 1er bataillon de

la Meurthe faisant partie de l'armée du Nord, commandée par les généraux Lafayette et Dumouriez. Il assistait, en 1792, à la bataille de Jemmapes. Le 1er mars 1793, il était nommé quartier-maître lieutenant. Par conséquent, il avait fallu bien peu de temps à GEMÄHLING pour arriver à cette situation, et cependant il n'avait que vingt-quatre ans. Son instruction très développée, ses aptitudes spéciales pour l'administration militaire, l'avaient fait remarquer par ses chefs et lui valurent ce très rapide avancement.

Le 4 décembre 1794, il passait, avec le même grade, de l'armée du Nord à celle de Sambre-et-Meuse, commandée successivement par les généraux Dampierre, Custine et Jourdan.

Il fit partie de la 89e demi-brigade, et le 23 juillet 1795 il était nommé quartier-maître capitaine et passait à l'armée du Rhin, commandée par Pichegru. Il y resta pendant les années 1795 et 1796.

Incorporé dans la 79e demi-brigade, 23 janvier 1797, il rejoignit l'armée d'Italie, sous les ordres du général Bonaparte. Pendant deux années, il fit campagne.

En 1799, ses talents d'administrateur militaire le firent nommer commissaire des guerres dans les îles Ioniennes, à Corfou, sous les ordres du général Chabot, pendant que cette île était bloquée par les Russes et les Turcs. Il s'acquitta de cette mission temporaire à la satisfaction de tous ses chefs. La 79e demi-brigade, devenue le 79e régiment de ligne, dut se rendre à l'armée de l'Ouest, commandée par les généraux Brune et Bernadotte; elle y resta pendant les années 1800, 1801 et 1802. Cette campagne a été une des plus pénibles, à tous égards, de celles faites par les armées de la République.

En 1803, au mois de novembre, GEMÄHLING fut nommé capitaine de 2ᵉ classe. En 1805, il était en Espagne, au Ferrol, lorsqu'il reçut l'ordre de s'embarquer, avec une compagnie d'infanterie, à bord du vaisseau de 74, le *Duguay-Trouin*, faisant partie de la flotte hispano-française commandée par l'amiral Villeneuve, qui fut battue et presque détruite par Nelson à la célèbre bataille de Trafalgar. GEMÄHLING, dans une lettre écrite à bord des pontons anglais de Plymouth, a raconté ce qu'il a pu voir de cette lutte terrible à laquelle il assistait, et a décrit, très exactement surtout, l'épilogue de cette bataille : « Le combat du cap Ortegal » (1); nous le laisserons parler :

« Le *Duguay-Trouin* était un des quatre bâtiments (vaisseau de 74) placés sous les ordres immédiats du contre-amiral Dumanoir, qui les déroba trop tôt peut-être au désastre de la flotte hispano-française à Trafalgar. Il aurait, certainement, pris un parti moins prudent, s'il avait pu prévoir le sort qui l'attendait sur la côte de Galice ! »

Ce fut en effet, à la hauteur du cap Ortegal, que ces quatre vaisseaux, qui avaient déjà beaucoup souffert dans le combat et dans la tempête d'équinoxe qui suivit, furent assaillis par huit bâtiments anglais intacts: quatre vaisseaux de ligne aussi forts que les nôtres et quatre frégates

---

(1) *Combat du cap Ortegal.* — Épilogue de la bataille de Trafalgar, lettre publiée par M. Gemähling fils.

dont le commodore anglais, sir John Stracham, se servit pour placer les navires français entre deux feux.

L'artillerie anglaise était supérieure d'un tiers au moins à celle de la flotte française et très bien servie.

« Aussi inexpérimentés que courageux, nos canonniers ne savaient que se faire tuer », écrit le capitaine GEMÄHLING, dont les trois quarts des hommes qu'il commandait étaient gisants sur le pont du *Duguay-Trouin*, tués ou blessés... Et pourtant, dans des conditions si inégales, ces Français ne se montrèrent pas moins héroïques que ceux qui, presque à la même heure, triomphaient dans les champs d'Austerlitz! Les vainqueurs eux-mêmes rendirent hommage à l'énergie désespérée des équipages français.

Dans le rapport officiel du commodore sir John Stracham à l'Amirauté anglaise, on lit :

« Les Français se sont battus admirablement et ne se sont rendus que quand toute manœuvre fut devenue impossible. »

Le *Duguay-Trouin* se rendit le dernier ; le commandant, la plupart des officiers étaient morts ou grièvement blessés ; ce fut M. Rigodit, enseigne de vaisseau à cette époque (1), qui fit le rapport au Ministre de la Marine.

Prisonnier à bord d'un ponton à Plymouth, pendant près de trois mois, GEMÄHLING écrivit une relation de la bataille de Trafalgar, suivie d'un récit très émouvant du combat du cap Ortegal.

Après avoir été interné dans une ville du pays de Galles,

---

(1) M. Rigodit est mort contre-amiral à Alger.

comme prisonnier sur parole, GEMÄULING séjourna neuf ans
en Angleterre et ne recouvra sa liberté qu'en 1814. Pendant
les Cent-Jours, Napoléon avait décoré de sa main et fait
chef de bataillon ce vétéran, blanchi dans la captivité, mais
on sait que le Gouvernement royal refusa de reconnaître
les grades et les décorations accordés. Il y avait bien
pourtant quelques-unes de ces décorations pour lesquelles
il n'eût été que juste de faire exception, et celle-là, à coup
sûr, était du nombre!.... GEMÄULING, qui comptait trente-
cinq ans de services, dont neuf de captivité, ne fut nommé
ou plutôt *renommé* chevalier de la Légion d'honneur qu'en
1831. Il avait été fait chevalier de Saint-Louis en 1821.
Il est mort en 1836 à l'Hôtel des Invalides, commandé à
cette époque par le général de division Fririon (François-
Nicolas), son parent, dont il avait été aide de camp en
1815 et pour lequel il avait une grande reconnaissance et
un attachement respectueux qui dataient des premières
années de sa jeunesse.

Nous arrêtons ici les souvenirs que nous avons réunis sur la famille Fririon, dont tous les membres, depuis un siècle, ont consacré leur vie au service de la Patrie.

Le grand rôle militaire des uns, la fin héroïque des autres, la bravoure et l'honneur de tous justifieront, aux yeux du lecteur, l'humble hommage d'admiration que nous nous sommes efforcé de leur rendre en racontant brièvement l'histoire de cette FAMILLE DE SOLDATS.

IMPRIMERIE CENTRALE DES CHEMINS DE FER. — IMPRIMERIE CHAIX.
RUE BERGÈRE, 20, PARIS. — 20776-6.

www.ingramcontent.com/pod-product-compliance
Lightning Source LLC
Chambersburg PA
CBHW071334030726
47594CB00002B/652